WORLD TEXTILE COLLECTIONS 3

ETHNICAL ASIA

Kyoto Shoin

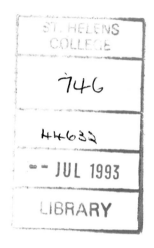
First published in Japan 1992 by KYOTO SHOIN INTERNATIONAL Co., Ltd.
Sanjo agaru, Horikawa, Nakagyo-ku, Kyoto, Japan. TEL[075]841-9123

ISBN4-7636-8100-1

Printed and bound in Kyoto by SHASHIN KAGAKU Co., Ltd.

ETHNICAL ASIA

14

18

20.

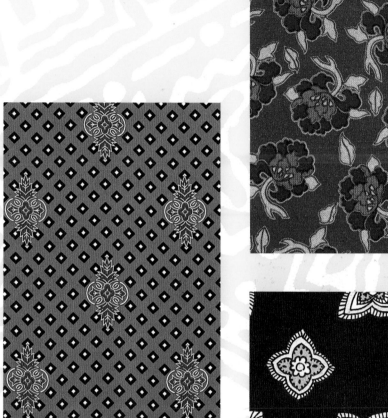

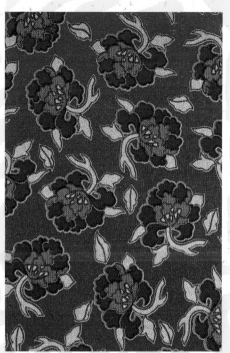

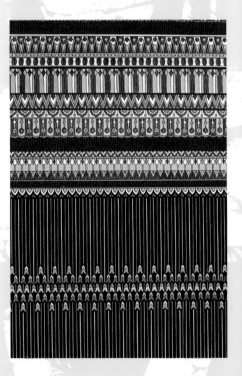

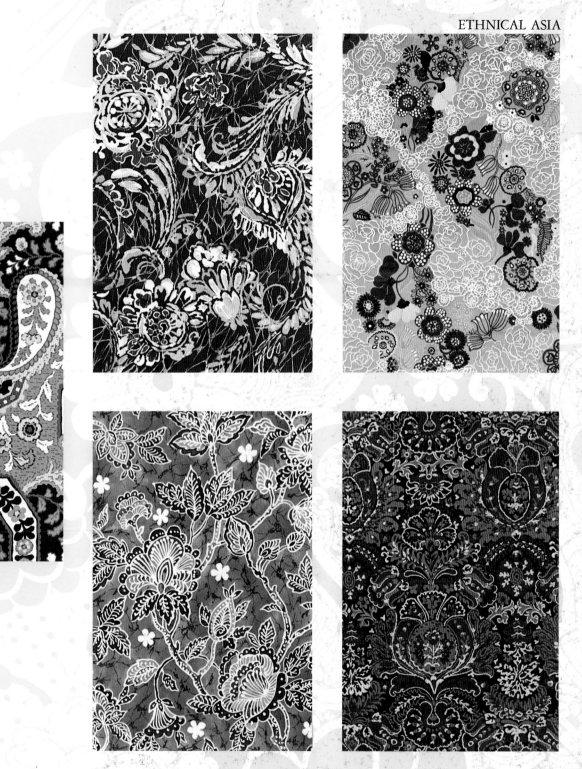

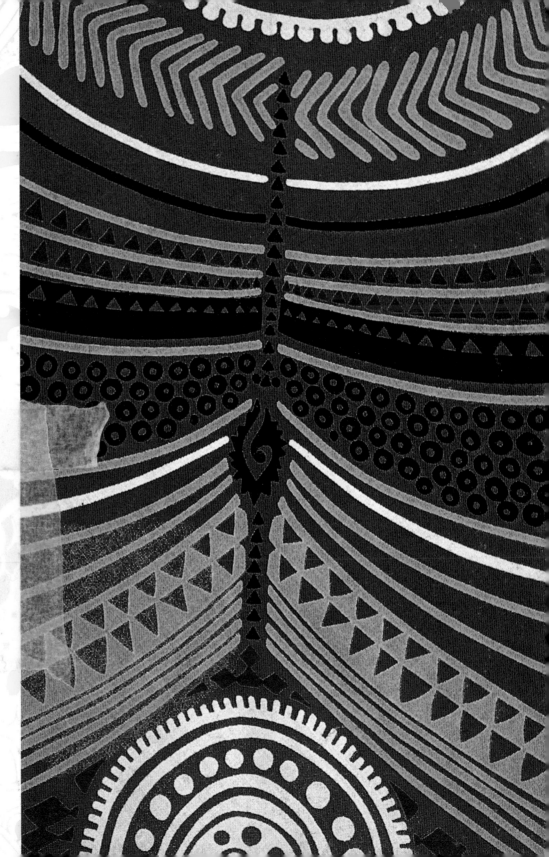

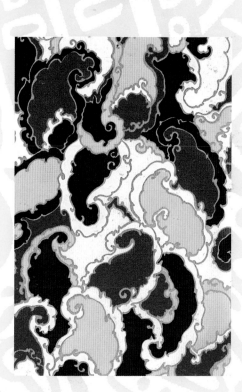

54

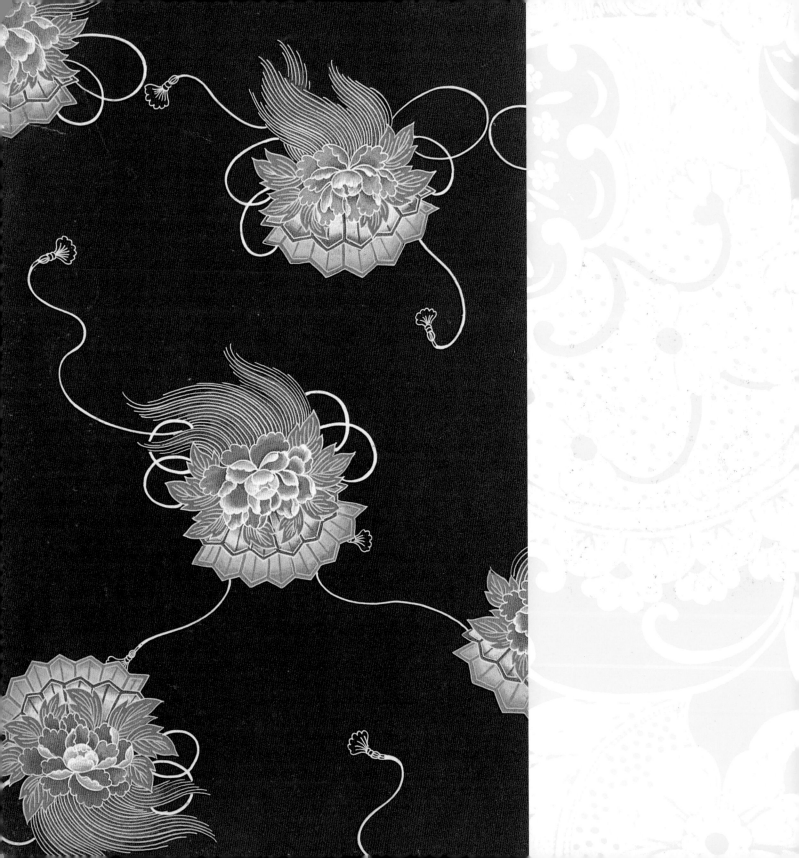

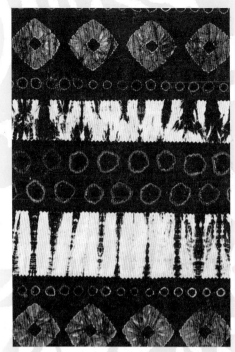

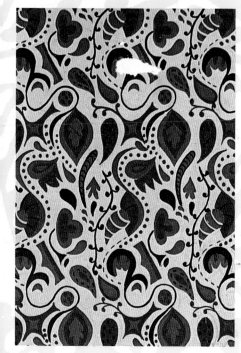

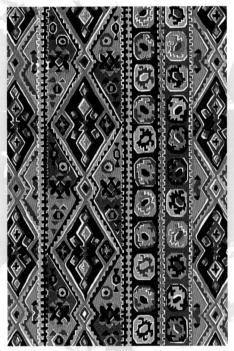

ACTIVE DESIGN for Print Design Planning

第一線活躍の経験豊かなクリエーターが、数多くのデザイン群の中から特にすぐれた
ものを厳選、編集した本書は、極めて実用価値の高い内容を有したプリントデザイン
集である。構成されているデザインは、すべてオリジナルデザインばかりで、作者た
ちが長い経験と実績にもとづいて描きあげた作品である。図版1,173点、フルカラー。
30.3×23.6　648p　定価45,000円（税込）

THE BEST IN INTERNATIONAL TEXILE DESIGN SERIES

EUROPEAN TEXTILE PATTERNS
・TRADITIONAL STYLE・（全2巻）

18～19世紀ヨーロッパで制作され、現代ファッションの基礎を築いた文様1800点（2巻
合計）を、当時の『実物見本帳』のまま収録、復元した貴重な資料。
36.5×29.5　Vol.1 56p　Vol.2 64p　定価各3,900円（税込）

PAISLEY TEXTILE PATTERNS
・18th CENTURY EUROPE・

18世紀後半にフランスで制作されたペイズリー文様（インド、ペルシャ、ヨーロッパ
更紗など）98点を、大胆なクローズアップ写真と斬新なレイアウトでとらえたデザイ
ン集。
36.5×29.5　80p　定価3,900円（税込）

JAPANESE STYLE
・TEXTILE DYEING PATTERNS・（全4巻）
・TEXTILE DESIGN PATTERNS・（全2巻）

日本人の洗練された意匠や色彩は、着物や帯という一画面に集約され、独自の文化を
形成した。本書では、花鳥に代表されるこれらの文様を全6巻（1200点）に集録した決
定版。
29×29.2　124p　定価各3,900円（税込）